EROTISCHES SCHREIBEN LERNEN:

Eine Einführung in das Schreiben von kurzen Erotikgeschichten die sich gut verkaufen lassen!

Genevieve Marchand

Erotisches Schreiben Lernen

Copyright © 2016 by Genevieve Marchand

Alle Rechte vorbehalten.

Inhaltsverzeichnis

Einführung:

Ich gehe davon aus, dass, wenn Sie dieses Buch bereits in der Hand haben, dass Sie schon ein Erotikautor sind oder es bald sein werden. Auf jeden Fall haben Sie sich schon von der Menge erhoben und ich möchte Ihnen dafür gratulieren.

Ich habe in den vergangenen Jahren eifrig geschrieben und war in der Lage, ein erhebliches monatliches passives Einkommen aus meinen Erotik-Büchern zu bekommen.

Schriftsteller unterliegen nicht mehr der Frustration der traditionellen Veröffentlichung. Diese Angelegenheit, wurde aus der Gleichung herausgenommen, denn es besteht keine Notwendigkeit mehr mit dem traditionellen Herausgeber zusammen zu arbeiten.

Der Schriftsteller kann sein eigenes Schicksal bestimmen. Insbesondere kann der Autor die Kontrolle über sein eigenes Buch behalten. Er kann die Rechte behalten, seine Marketingaktivitäten kontrollieren und einen höheren Anteil an den Einnahmen erhalten. Mit Amazon können Sie so viele Bücher schreiben, wie Sie wollen und können bis zu siebzig Prozent in Lizenzgebühren verdienen.

Da die Barrieren entfernt wurden ist alles was Sie brauchen, die Fähigkeit, eine Geschichte zu schreiben, die lesbar ist und dass ist mit einigen heißen Sex-Szenen machbar. Der schöne Teil ist, dass, wenn Sie es das erste Mal nicht richtig bekommen, können Sie es erneut versuchen.

Diese einfache Anleitung bietet Autoren und Verlagen die Weisheit, die ich gesammelt habe, während ich in den Gräben dieses aufkeimenden Genres war. Verwenden Sie diese bewährten Techniken um Ihr Buch zu schreiben, veröffentlicht & entdeckt.

Viel Glück!

Kapitel 1: Warum sollten Sie Erotika schreiben?

Seit ich mich erinnern kann, bin ich mit Erotik fasziniert.

Seltsamerweise war meine erste Erfahrung mit Erotika der Penthouse Forum. Mein Freund hat früher Penthouse im Haus eingeschleust, und ich las sie während er in der Schule war, weil ich so neugierig bin. Ich brauche gar nicht zu erwähnen, dass ich das Lesen des Forums genoss. Von da an begann ich mit dem Schreiben von Erotika zuerst für uns und dann später für Literotica.

Obwohl es einige Nachteile aufgrund des Inhalts gibt, ist dieser Genre in den letzten zehn Jahren populärer geworden. Fall und Punkt: **Fifty Shades of Grey**.

Denken Sie nur, wie erfolgreich **Fifty Shades of Grey** von E.L. James ist. Jede Frau und auch viele Männern lasen dieses Buch. Ich las es in einem Mal am Stück. Stellen Sie sich, nur ein bisschen von E.L. James' neu gefundenen Reichtum vor!

Denken Sie daran, es gibt keinen Mangel an Lesern da draußen für diese Art von Bücher. Insbesondere fühlen sich Frauen zu erotischer Fiktion sehr hingezogen. Als veröffentlichte Autor dieser Nische werden Sie automatisch von der Masse unterschieden. Nicht nur, dass es eine Neugier befriedigt, es ist auch erfreulich, Ihre Gedanken und Fantasien in einem Buch für die Unterhaltung anderer zu sehen. Nicht nur das, aber Kunden werden in der Regel zahlen die Leute viel Geld für solche Art von Bücher, wenn es gut geschrieben ist, eine anständige Handlung hat und heißen Sex beinhaltet.

Schließlich, als eine Gesellschaft, umarmen wir Bücher. Ein Buch bleibt der beste Weg, um eine Idee oder Geschichte zu teilen. Und wenn es Ihre Neugier entzündet, wird es vielleicht das gleiche für andere tun?

Kapitel 2: Warum selbst veröffentlichen?

Eine "störende Technologie" ist eine, die eine etablierte Technologie verdrängt und eine ganze Branche erschüttert oder ein bahnbrechendes Produkt ist, das eine völlig neue Industrie schafft.

Kurz vor unseren Augen hat sich eine revolutionäre Chance für den Schriftsteller zum eigenen Verlag entwickelt. Man kann sagen dass nichts weniger als eine "digitale Revolution", stattfindet, wenn das E-Book und Print-on-Demand den stagnierenden Sektor des Verlagswesens einseitig unterbricht und demokratisiert. Jeder kann ein Schriftsteller sein.

Schriftsteller unterliegen nicht mehr der Frustration der traditionellen Veröffentlichung. Man kann sagen dass die Notwendigkeit, mit dem traditionellen Verlag zusammenzuarbeiten aus der Gleichung herausgenommen wurde! Der Schriftsteller kann sein eigenes Schicksal bestimmen. Insbesondere kann der Autor die Kontrolle über sein eigenes Buch beibehalten. Er kann die Rechte behalten, seine Marketingaktivitäten kontrollieren und einen höheren Anteil an den Einnahmen erhalten.

Print-on-Demand (POD) und E-Book-Publishing haben ein ganz neues Modell für die Veröffentlichung geschaffen. Sind POD und digitale Bücher die Antwort auf das Gebet eines jeden Autors oder einfach nur

Erotisches Schreiben Lernen

ein evolutionärer Schritt zwischen traditionellen Publikationsmodellen und dem kostenlosen Internetvertrieb?

Als Gesellschaft lieben und schätzen wir Bücher. Wir halten sie für ausgezeichnete Informationsquellen. Mit anderen Worten, bleibt ein Buch der beste Weg, um eine Idee oder Geschichte, zu teilen. Und wenn es Ihnen wichtig ist, wird es vielleicht für andere genauso sein?

Natürlich, kann das Schreiben als eine Herausforderung gesehen werden, aber im Leben ist alles was einem etwas wert ist schwer zu erreichen, nicht wahr? Ich bin der festen Überzeugung, dass wir alle ein Buch in uns haben das nur darauf wartet geschrieben zu werden.

Kapitel 3: Werkzeuge des Handels

Obwohl ich alle Technologie annehme, habe ich zum größten Teil gespaltene Gefühle wenn es darum geht wie ich meine Ideen aufs Papier bekomme. Das heißt, ich schreibe mit Stift und Papier und dann gebe ich mit einem Textverarbeitungsprogramm den Text ein. Manche sagen, es ist ineffizient, aber für mich fungiert es als eine erste Bearbeitung, wenn ich ein Kapitel nach dem anderen überarbeite.

Aber manchmal, gebe ich den Text sofort in Word ein, aber ich mag es nicht so sehr für längere Zeit, auf dem Bildschirm zu starren. Andere Zeiten diktiere ich in meinem iPhone und füge es dann, zu dem was ich in Word diktiert habe hinzu. Seien Sie wachsam, von dieser Methode. Obwohl es schnell ist, muss der Text oft bearbeitet werden. Die Stimmenerkennung ist super, aber es ist noch nicht das Wahre.

Es gibt zwei Dinge die Sie haben müssen um der nächste E.L James zu werden. Diese sind **Microsoft Word** und **Scrivener**.

Microsoft Word ist bei weitem das populärste Textverarbeitungsprogramm das es gibt. Es gibt so zu sagen keine Notwendigkeit, den Apfelkorb zu stören. Sie können sehr viel mit der gesamten Microsoft Suite machen, aber hier wollte ich nur Word erwähnen.

Ich bin nicht mit Word aufgewachsen. Es gibt überall versteckte Funktionalität! Es ist einfach, erschwinglich und am wichtigsten, kann man seine ganze Arbeit damit erledigen.

Scrivener ist großartig. Es ist einfach zu bedienen, einfach zu organisiert, unendlich flexibel, und für das langfristige Denker, können Sie direkt auf jedes Format, einschließlich ebook-Formate, für Kindle veröffentlichen und verschiedene andere ebook Plattformen kompilieren. Es gibt alle Arten von großartigen Vorlagen zur Auswahl. Zum Beispiel hat es Zeichen und Einstellungsskizzenvorlagen, es speichert Ihre Arbeit automatisch, und es stürzt selten ab (im Gegensatz zu den oben genannten Optionen). Ich könnte tagelang über Scrivener weiterreden.

Ein anderes Werkzeug, das ich gefunden habe, um mich organisiert zu halten und Unordnung den Kampf anzusagen ist **Evernote**. https://evernote.com

Für mich ist es ein Lebensretter. Es hat das meiste Papier aus meinem Leben genommen und beseitigt die vielen Registerkarten, die ich offen in Web-Browsern offen lasse. Diese Anwendung funktioniert plattformübergreifend und ist für Notizen, Organisierung und Archivierung konzipiert.

Evernote erlaubt Ihnen, Informationen von überall zu erfassen, mit welchem Gerät Sie zurzeit zur Hand haben. Verwenden Sie es mit Ihrem Telefon, IPad, Computer, usw... Die Anwendung ermöglicht es Benutzern, Notizen von Fotos, gescannten Bildern,

Sprachnotizen, Webseiten zu schreiben. Dazu ist alles durchsuchbar.

Outlook: Um einen Kalender der kommenden Buchläufe, Veranstaltungen, Freebie-Tage und alles dazwischen zu haben, verwende ich Microsoft Outlook, das nun ein Evernote-Add-on hat. Office ist der persönliche Informationsmanager von Microsoft, der als Teil der Microsoft Office Suite verfügbar ist. Ich wurde in Outlook durch mein früheres 9-5 Leben eingeführt.

Ich verwende es nicht nur für E-Mails, sondern auch für meinen Kalender, Task-Manager, Kontakt-Manager, Notizen, Tagebuch und Web-Browsing.

Schließlich, kann es sein dass Sie in Cloud-Storage als Back-up für Ihre Arbeit verwenden oder, wenn Sie "große" Dateien in einer sicheren Umgebung übertragen möchten. Um dieses Bedürfnis zu erfüllen, habe ich nur **Dropbox** benutzt. Was ich schon von Zeit zu Zeit in meinem anderen Job nutzen musste. Sie können es unter www.Dropbox.com finden.

Es kommt mit einem mit einer monatlichen Gebühr von 9,99, aber es wird Ihnen sehr viel Ärger ersparen, wenn es um super große Dateien geht.

Kapitel 4: Das Geschäft des Schreibens

Ich wollte einen kleinen Moment nehmen, um das Geschäftliche Ende des Schreibens richtig zu adressieren. Als Autor, werden Sie eine neue Einnahmequelle haben, um die Sie sich einige Gedanken machen müssen. Sie können sogar noch einen Schritt weiter gehen und eine Geschäftseinheit bilden. Sprechen Sie mit Ihrem Buchhalter darüber.

Was auch immer Sie im Laufe des 'Schreibens' ausgeben sollte aufgeschrieben werden, so dass Sie die notwendigen Dokumente haben wenn es Zeit für Ihre Steuererklärung ist. Ich halte es einfach und verfolge alles, was ich tue, im Hinblick auf die Kosten in Excel.

Als Schriftsteller sind einige der häufigsten Ausgaben, die für Sie entstehen könnten: Webseite und Hosting, Cover-Erstellung, Formatierung und Bearbeitung, Textverarbeitung Anwendungen wie Word und alles dazwischen. Ich möchte nur, dass Sie die Dinge im Auge behalten.

Amazon KDP und Amazon Createspace behalten für Sie den Überblick über Ihr Einkommen. Normalerweise erhalten Sie 60 Tage nach dem Verkauf (Net 60) eines Buches Ihr Geld. Die Ausgabe der Zahlung dauert so lange weil man den Rückkehr Zeitplan berücksichtigen muss. Auch wenn es Zeit für

Onkel Sam's Bezahlung ist, hat Amazon Ihre Einnahmen stets im Überblick, so dass Sie nur die Berichte von Amazon und Ihre passenden Spesenabrechnungen an Ihren Buchhalter weiterleiten müssen, der dann hoffentlich so viele Abschreibungen wie möglich finden wird.

Kapitel 5: Einige Tipps zum Schreiben

Bevor ich wichtige Details mit Ihnen teile, wie nie die Worte "Penis" oder "Vagina" zu benutzen. Gehen wir einen Schritt zurück und prüfen Sie einige grundlegende Schreib Tipps. Wie kommen wir dazu? Wie fangen wir an?

In der Praxis gibt es Dinge die Sie wissen müssen, Tipps, die Ihnen helfen, direkt Eindruck zu schinden und loszulegen.

Kennen Sie Ihre Leser.

Sie sollten als erstes herausfinden wer Ihre Leser und Publikum sein wird. Kennen Sie Ihre Kunden und Produkte. Sie müssen wissen, für wen Ihr Buch ist und dass sie es kaufen möchten. Schreiben Sie kein Buch für alle. Schreiben Sie für eine bestimmte Nische-- Fetisch. Einige Beispiele solcher Nischen sind:

- **Erotische Horrorgeschichten**

- **Schwulen Geschichten**

- **Menage**

- **BDSM**

Alles beiseite, ist es deutlich dass die erfolgreichsten Autoren normalerweise Teil einer Gruppe sind, für welche sie über etwas schreiben. Zum Beispiel, wenn Sie ein Teil der Punk-Rock-Musik in NYC in den frühen achtziger Jahren sind, haben Sie ein bestimmtes Publikum Segment, das über Ihre Erfahrungen lesen möchte. Vielleicht könnten Sie ein Punk Menage Book schreiben. Nur mal ein Gedanke.

Finden Sie einen Ort, Zeit und Art zu schreiben.

Wann, wo und wie schreiben Sie Ihr Buch? Diese Fragen sollten beantwortet werden, bevor Sie sich sogar hinsetzen und anfangen zu schreiben. Schreiben ist Arbeit. Sie erfordert Disziplin. Persönlich habe ich immer vorgezogen, zu arbeiten, sobald alle schlafen oder ganz früh morgens, bevor jeder wach wird. Mein Lieblingsplatz war immer die Küche wegen der Beleuchtung. Wenn ich schreibe, versuche ich immer, in einer Sitzung ungefähr 500 bis 1000 Worte zu schreiben. Dabei sorge ich dafür, dass das Buch immer weiter voranschreitet. Wenn Sie mehr tun können, tun Sie es.

Als nächstes frage ich Sie wie Sie schreiben wollen? Heutzutage scheint jeder mit seinem Laptops zu schreiben aber das ist nichts für mich. Meine beste Vorliebe ist immer noch per Hand zu schreiben. Sobald Sie ein Kapitel geschrieben haben, können Sie es einfach in Ihr Textverarbeitungsprogramm eingeben. Die Leute sagen mir, dass dies ineffizient ist. Auf diese Weise können Sie buchstäblich Ihre erste Bearbeitung durchführen.

Planen und skizzieren Sie Ihr Buch.

Dies wird Ihnen helfen, die Grenzen Ihres Buches festzulegen und sich auf die Arbeit zu konzentrieren. Sie sollten mindestens:

• Erstellen Sie ein Inhaltsverzeichnis

• Schreiben Sie Kapitelzusammenfassungen

• Bewertung der Länge von ähnlichen veröffentlichten Büchern

• Bestimmen Sie die gewünschte Länge

• Entscheiden Sie, wie lang jedes Kapitel sein soll

Mit diesen Informationen haben Sie einen ausgezeichneten Führer, der Sie auf Kurs halten und Ihnen helfen wird, ein Buch zu schreiben, das weder zu kurz noch zu lang ist.

Qualität ist wichtig.

Denken Sie daran, dass Qualität zählt. Das Buch das Sie erstellen sollte nicht nur, gute Ideen und eine große Geschichte dahinter haben, sollte es mit den geringstmöglichen Fehlern präsentiert werden. Einfach ausgedrückt, das Buch, das Sie erstellen, ist eine Reflexion Ihrer Persönlichkeit. Es hat Ihren Namen, selbst wenn Sie einen Künstlernamen benutzen, und Sie sollten es richtig machen. Dementsprechend sollten Sie jemanden beauftragen Ihr Buch zu bearbeiten. In der Tat, ist es so dass je mehr Runden der Bearbeitung, Sie bewältigen können, desto besser wird das Buch.

Kapitel 6: Ein Wort über die Wahl Ihres Fetisches

Nun, da das Aufwärmen vorbei ist, können wir ins Gefecht treten.

Das erste, was Sie tun müssen, ist Ihr Thema auszuwählen. Um dies zu tun, besuchen Sie einfach die Erotik-Kategorie auf Amazon um zu sehen, was derzeit verkauft wird. Um Ihnen eine Vorstellung davon, was beliebt ist zu erstellen, sehen Sie sich die Top 100 und die Top 100 nicht Neuausgaben. Natürlich möchten Sie ein Thema auswählen, von dem Sie etwas Ahnung haben.

Sie weden herausfinden, dass alles was Tabu ist sehr gute Verkaufszahlen schreibt. Tabu enthält verschiedene Story-Typen wie Pseudo-Inzest, Mehrere Partner, BDSM, Zweifelhafte Einwilligung, Gestaltenwandler und alles dazwischen

Pseudo-Inzest: Dies ist Im Grunde Inzest, dass kein wirklicher Inzest ist. Seien Sie jedoch sehr vorsichtig mit diesem Thema. Das würde vielleicht eine Stiefbruder- Stiefschwestergeschichte oder einen Stiefvater und seine Stieftochtergeschichte einbeziehen.

Mehrere Partner: Flotter Dreier, ménage, Gruppensex, etc. sind immer beliebt. Die Menschen genießen diese Kategorie, wie sie als eines der ultimativen Tabus da stellen. Männer und Frauen phantasieren über diese Art von Dingen. Achten Sie darauf, das Wort 'gangbang' zu vermeiden, wenn Sie über dieses Genre schreiben, da Amazon es herausfiltert.

BDSM: Dies beinhaltet die Erfassung der Praktiken mit Bondage, Dominanz und Unterwerfung, Sadomasochismus. Bitte machen Sie Ihre Hausaufgaben zu diesem Thema, denn dies ist eine Nische, wo der Leser sehr meist sehr gut informiert ist.

Zweifelhafte Einwilligung: Dies beinhaltet alles, was mit Widerwillen, Vergewaltigung oder Nahvergewaltigung zusammenhängt. Es muss nicht einvernehmlich aussehen, aber muss einvernehmlich sein. Deshalb muss das "Opfer" so etwas wie eine Frau sein, die irgendwie, ihre "Vergewaltigungsphantasie" arrangiert. Auf diese Weise wird die Handlung nun einvernehmlich.

Gestaltenwandler: Dieses Publikum wurde aus dem Romanen Genre geboren. Ich meine, Disney hat sogar dieses Thema mit „Die Schönheit und das Biest" berührt. Um diesen Sub-Genre erfolgreich zu schreiben, empfehle ich, mindestens 8000 Wörter zu schreiben.

Wie Sie sehen können, gibt es keinen Mangel an Themen in denen Sie schreiben können. Seien Sie nur gründlich und stellen Sie sicher, dass das Thema, über dass Sie eine Geschichte schreiben Sie nicht stört.

Erotisches Schreiben Lernen

Nehmen Sie sich Zeit, entwickeln Sie Ihr Handwerk, Ihr bewusst sein, ihre inhärenten Nuancen und Ihre Vorbehalte.

Kapitel 7: Die Erotische Geschichte - Meine Methode

Der Grund, warum Sie in erster Linie schreiben ist es, Ihre Fantasie zu umarmen, nicht wahr? Sie schreiben nicht darüber, was Sie und Ihr Mann letzte Nacht vor dem Schlafengehen gemacht haben. Sie schreiben, über Fantasie und den tief sitzenden Wunsch zu unterhalten. Erotische Geschichten werden über die sexuellen Reisen der Protagonisten geschrieben.

Obwohl einige einfach den Ansatz mit einer dreiteiligen Struktur, die nur eine **Einführung, Hauptsatz (SEX)** und Auflösung beinhaltet, ist die typische Struktur, die ich benutze, immer noch das, was ich früher im Grammatikunterricht gelernt habe. Es ist nur in diesem Genre ein Orgasmus ist ein Orgasmus! Diese Teile sind: Einleitung, Twist / Problem, steigende Spannung, Sex, Höhepunkt, Auflösung.

1. Einleitung (500 Wörter):

Die Einleitung enthält alle notwendigen Hintergrundinformationen, die benötigt werden, um die Geschichte zu verstehen. Mit anderen Worten, es setzt die Bühne. Diese Informationen beinhalten typischerweise die Zeichen, Einstellungen und die Umstände.

Der Trick hier ist, Ihre Hauptfigur in irgendeiner Weise zu vermenschlichen. Sie sind wie du und ich. Meine Hauptfiguren sind fast immer Frauen. Ich mache sie mächtig, aber ich gebe ihnen Ängste, Unsicherheiten, Frustrationen. Ich stelle ihre Vergangenen sexuellen Geschichten vor, und neigen dazu, lassen ihren Gedanken freien Lauf zu lassen bezüglich dem was sie tun wollen.

Die Männer, benutze ich zu meinem Vorteil. Ich erwähne ihr Aussehen, wenn sie gut gekleidet oder lässig sind. Was ist ihr Verhalten? Sind sie stark? Ist die Haut gebräunt? Was ist ihre Haarfarbe? Was für ein Parfum haben sie? Sehen Sie das Bild schon vor sich?

Gleiches gilt, wenn es andere Frauen gibt, die in dem Bild auftauchen, werde ich ihre Körper beschreiben. Haben sie lange Beine? Ist ihre Haut glänzend? Sind sie blond, brünett? Sind sie gebräunt? Welches Parfüm haben sie?

2. Twist / Problem (750 Wörter):

Der nächste Teil - der Twist-ist, wo ich Ihnen ein Problem, Hindernis oder Komplikation vorstelle. Vielleicht wird sie erpresst, Sex zu haben, um die Leiter hinaufzusteigen? Vielleicht war sie mit ihren Freundinnen in der Stadt und hat sich in eine ihrer Freundinnen verknallt und sie würde gerne diesen verborgenen Wunsch erforschen, obwohl sie es als falsch ansieht. Vielleicht will sie etwas, das sie nicht haben kann und muss erpressen und manipulieren, um es zu bekommen. Es gibt eine Vielzahl von Optionen zur Auswahl. Wählen Sie einfach eine und setzen Sie sie durch!

Denken Sie daran, dass das Problem etwas ist, das mit Sex gelöst wird.

3. Steigende Spannung - Hindernis, das mit Sex überwunden wird (1500-2500 Wörter):

Dann entwickeln wir die Geschichte, die auf dieser Spannung / diesem Hindernis aufgebaut ist immer weiter. Wie sind unsere Charaktere motiviert, was steht Ihnen im Weg. Wie überwinden sie das Hindernis?

Bewegen Sie Ihre Hauptfigur in Richtung der Lösung- dem Sex. Bauen Sie Erwartungen auf. Es kann innere Unruhen geben, die durch ihren Kopf schießen, und welche Sie nicht ruhen lassen.

Wir bauen langsam auf. Vielleicht haben Sie Ihre Hauptfigur, die mit ihrem Mann gelangweilt ist und die Unruhe erstellt treibt sie daran an jüngere Männer mit gemeißelten Körpern zu denken.

Sie weiß, dass ihr Mann gut zu ihr war, aber sie sucht mehr. Arbeiten Sie am Aufbau. Emotionen und Zögern sind, aber denken Sie daran, dass diese Bücher nicht Romantik, sondern Erotik sind. Der Schwerpunkt ist der Sex.

4. SEX (2000 Wörter):

Hier treffen sie sich endlich. Jeder Moment ist ein Erlebnis. Vorfreude füllt die Szene. Bauen Sie mit Vorspiel zur Erkundung des Hauptaktes. Wir wollen, dass dies außergewöhnlich wird. Dies ist, wo Sinnlichkeit auf Grafik trifft. Das Feuerwerk beginnt hier.

Auch wenn Sie das erste Mal schreiben, lesen Sie einige andere Bücher nur um die Nuancen zu sehen, wie dies erreicht wird. Nehmen Sie Ihr Wörterbuch heraus. Sagen Sie es nicht nur sondern zeigen Sie es.

Man nennt es nicht umsonst die glänzende verbotene Frucht!

5. Höhepunkt (500-750 Wörter):

Nun haben wir es endlich geschafft. Dies ist, wo uns der ganze Aufbau gebracht hat. Hier erreicht jeder der Teilnehmer den Höhepunkt. Hier hat die Geschichte ihren Höhepunkt erreicht. Es ist der Moment der größten Spannung und Erleichterung. Es ist der Orgasmus.

Das Feuerwerk endet hier.

6. Auflösung (300-500 Wörter):

Hier ist, wo wir alles abschließen. Diese Ereignisse sind in der Regel die Nachwirkungen des Höhepunkts. Hier erholen sie sich von dem anstrengenden Sex. Das ist der auf Wiedersehen Kuss. Dieser Teil beendet das Buch oder man kann seine Leser mit mehr Büchern begeistern.

Der Dialog sollte etwas wie, "wir sollten uns wieder treffen " vorschlagen. Auf diese Weise können Sie eine Reihe aus Ihrem Buch erstellen...

Jedenfalls hat mir die Verwendung dieser einfachen Architektur erlaubt, Geschichten schneller und methodischer zu entwickeln, als ich es in der Vergangenheit hatte. Die Wortgrenzen sind Vorschläge. Als Faustregel, für geradlinige Geschichten, benutze ich etwa 5000 Wörter und für Geschichten, die mehr Entwicklung brauchen, ist das Ziel 8000 Wörter.

Kapitel 8: Holen Sie sich ein sexy Cover & Holen Sie sich die richtigen Preise!

Ihr Buchcover

Der wichtigste Teil des Buches ist wohl Ihr Buchcover. In diesem Sinne sollte es viel Aufmerksamkeit bekommen.

Obwohl wir es nicht gern zulassen, wird ein Buch nach seinem Cover beurteilt! Im Wesentlichen kann Ihr Cover Sie machen oder brechen. Ihr Cover kann einen direkten Einfluss auf Kaufentscheidungen des Lesers haben und das Hinzufügen eines qualitativ hochwertigen Cover-Bilds ist ein effektiver Weg für Sie, Kunden Vertrauen zu gewinnen und Ihren Umsatz zu steigern.

Untersuchen Sie, wie Covers in Erotica aussehen und stellen Sie sicher, dass Ihr Cover mit den Besten von ihnen mithalten kann. Wenn Sie unsicher sind, gehen Sie direkt zu www.fiverr.com. Die meisten sind Amazon kompatibel und können Ihnen sicherlich weiterhelfen.

Holen Sie sich die richtigen Preise

Wie bereits erwähnt, sind Sie, wenn Sie in Kindle Select eingeschrieben sind, verpflichtet, einen Preis zwischen 2.99 USD und 9.99 USD zu wählen. Um die Rabatt-Angebote oder kostenlose Promotions und die 70% Lizenzgebühren zu ermöglichen. Überprüfen Sie Ihre Konkurrenz. Sehen Sie, was der Marktpreis ist und versuchen, Sie ihn wenn möglich, zu unterbieten. Wenn Ihre Konkurrenz bei 4.99 USD ist, versuchen Sie 3.99, eine Marktdurchdringungsstrategie einzusetzen. Wenn Ihr Buch ein Spezial-Buch ist und Sie es in Kindle Select anbieten, sollten Sie den Preis auf 9,99USD setzen, um sich in eine Skimming-Strategie zu engagieren.

Wenn Sie mehrere Bücher haben, macht sich der 0,99 USD Preis Punkt stark zu Gunsten. Das heißt, dass dies wahrscheinlich die beste Durchsetzungsstrategie ist und bleibt, mit der Sie die meisten Kopien verkaufen können, sobald Sie auf Amazon etabliert sind. Dies scheidet Sie jedoch, von Kindle Select aus und wird Ihnen nur eine 35%ige Lizenzgebühr einbringen.

Kapitel 9: Einige Informationen bezüglich Künstlernamen:

Beim Schreiben von Büchern für die Erotika / Romane Genres ist es ganz typisch, Künstlernamen zu verwenden. Dies geschieht aus einer Vielzahl von Gründen. Vielleicht möchten Sie Ihren echten Namen nicht preisgeben? Vielleicht möchten Sie die Reichweite Ihrer Bücher dank verschiedener Künstlernamen multiplizieren, um mehr Geld zu verdienen? Als ich mich zuletzt informiert habe, erlaubt Amazon pro Konto, 3 verschiedene Autornamen. Vielleicht wollen Sie nur einen cooler klingenden Namen als Ihren Vornamen verwenden?

Was auch immer der Fall ist, haben Schriftsteller schon immer Künstlernamen benutzt. Tatsächlich war Mark Twain ein Pseudonym.

Für den Anfang, sollten Sie wahrscheinlich einen einfachen Namen wählen, der eingängig ist. Alle Ihre ursprüngliche Arbeit sollte wahrscheinlich unter diesem Namen durchgeführt werden, bis Sielangsam herausfinden was Sie machen müssen.

Sobald Sie in die Gänge kommen und sich sehr komfortabel fühlen, werden Sie höchst wahrscheinlich, einen Künstlernamen pro Knick / Thema wählen innerhalb der Erotika Branche wählen. Zum Beispiel, etwas so offensichtliches wie Mistress Anne kann für BDSM gut sein.

Erotisches Schreiben Lernen

Denken Sie daran, dass, bis Sie bereit sind, sich zu outen, einen Namen aussuchen, der einfach ist, aber eindeutig erkennbar ist.

Kapitel 10: Ihr schriftstellerische Herausforderung

Indem ich mich vorbereite, dieses Buch zu beenden, werde ich Sie mit einem Story-Konzept verlassen, welches Sie selbst entwickeln können.

Mit den Werkzeugen und Kenntnissen, die ich in diesem Buch behandele, möchte ich, dass Sie Ihre eigene Geschichte aus der Prämisse schreiben.

Die grobe Prämisse der Geschichte:

Was ich als Hauptfigur haben möchte, ist eine starke korporative Frau (sagen wir eine CEO, die aus NYC kommt), die Beziehungsprobleme hat und nach Montreal für Meetings reist. Sie könnte vielleicht in der Modeindustrie tätig sein oder wo anders und dort nur auf der Suche nach Trends ist. Die Hauptsache ist, dass ich will, dass es eine Art der Umkehrung von Fifty Shades ist.

Sobald sie dort im Hotel ankommt und das nach ihrem langen Flug, bestellt sie sich einen Masseur und dann...

Das Konzept ist etwas was Sie selber entwickeln können. Es kann sehr heiß sein oder Sie können die Erotik etwas langsamer angehen. Denken Sie daran, beides wird für Amazon-Publishing akzeptabel sein, somit hängt es ganz von Ihnen ab.

Die Länge hängt davon ab, was Sie aus der Geschichte machen wollen.

Wenn Sie möchten, dass der Fokus auf der Sitzung mit dem Masseur ist, dann sollten 4500-5000 Worte viel sein, um aufzustellen, wer er ist, die Szene zu erstellen, und den Umfang der Geschichte zu definieren.

Wenn Sie ein wenig mehr Verführungszeit hinzufügen möchten, können Sie sich auf 8000 Wörter bewegen. Zum Beispiel, informiert sie ihn, was sie will, und er ist unsicher, so lehnt er die Sitzung ab. Natürlich ist sie eine starke Geschäftsfrau, also wird sein Chef ihn unter Druck setzen, damit er sich bei ihr entschuldigt. Sie versteht die Situation, aber es gibt ihr die Chance, mit ihm zu reden, um herauszufinden, warum er widerwillig war. Nachdem sie reden, ist er bereit zu tun was sie will.

Sie könnten sogar noch weiter gehen bis 10000 Wörter. Vielleicht sollten Sie zwischen dem Standpunkt des Charakters umschalten und ein anderes Sub-Thema einfügen, vielleicht eine Hochleistungssituation, von der sie sich abwickeln will.

Lassen Sie Ihrer Kreativität freien Lauf. Vielleicht wird es gut genug, um es zu veröffentlichen!

Schönes Schreiben!